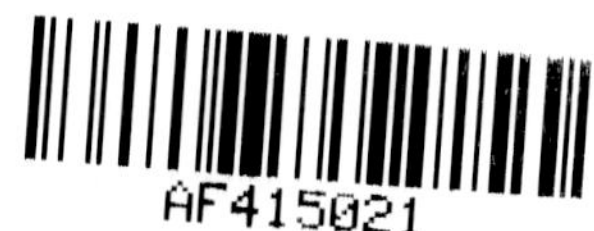

Questo libro da colorare appartiene a:

____

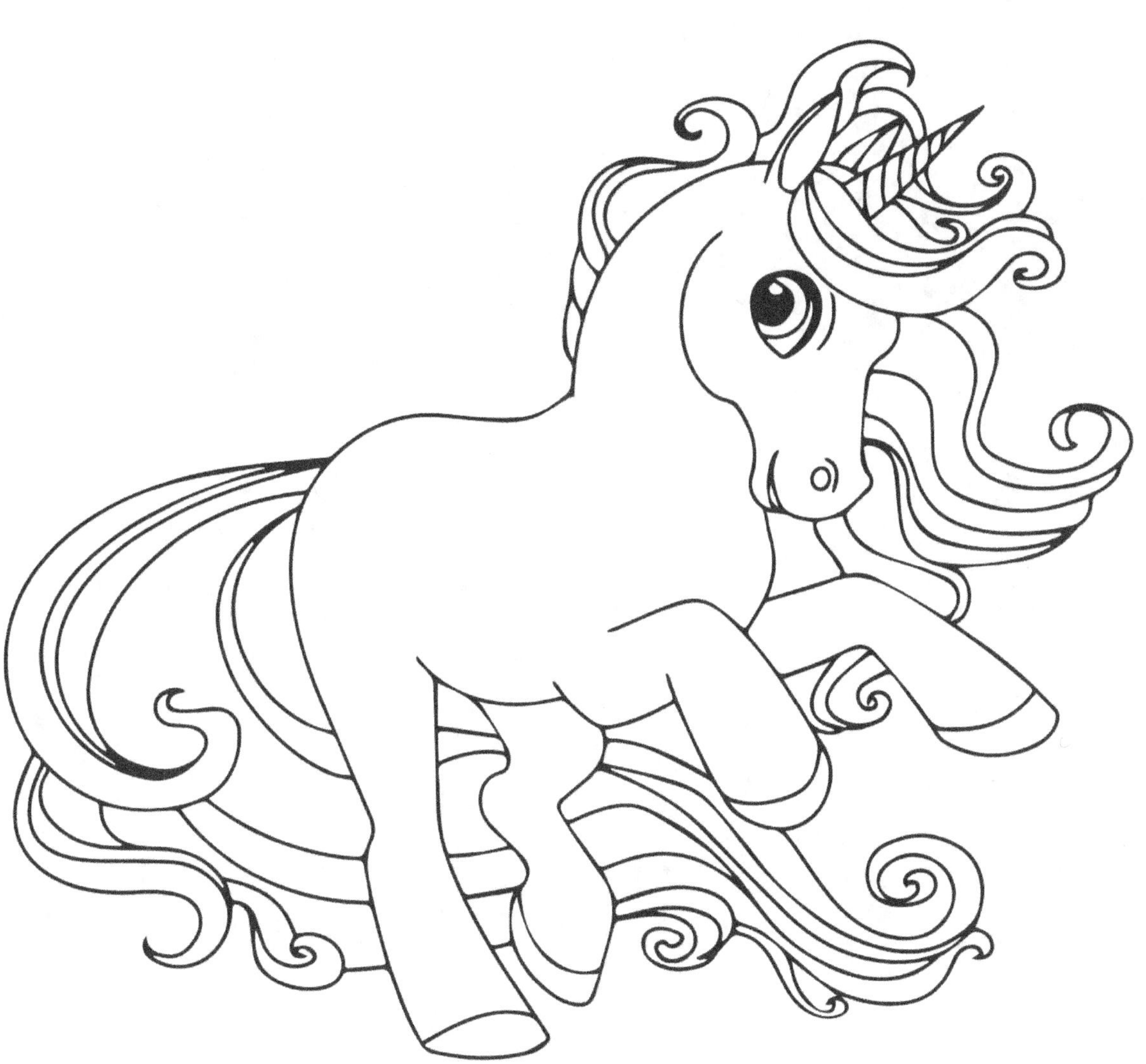

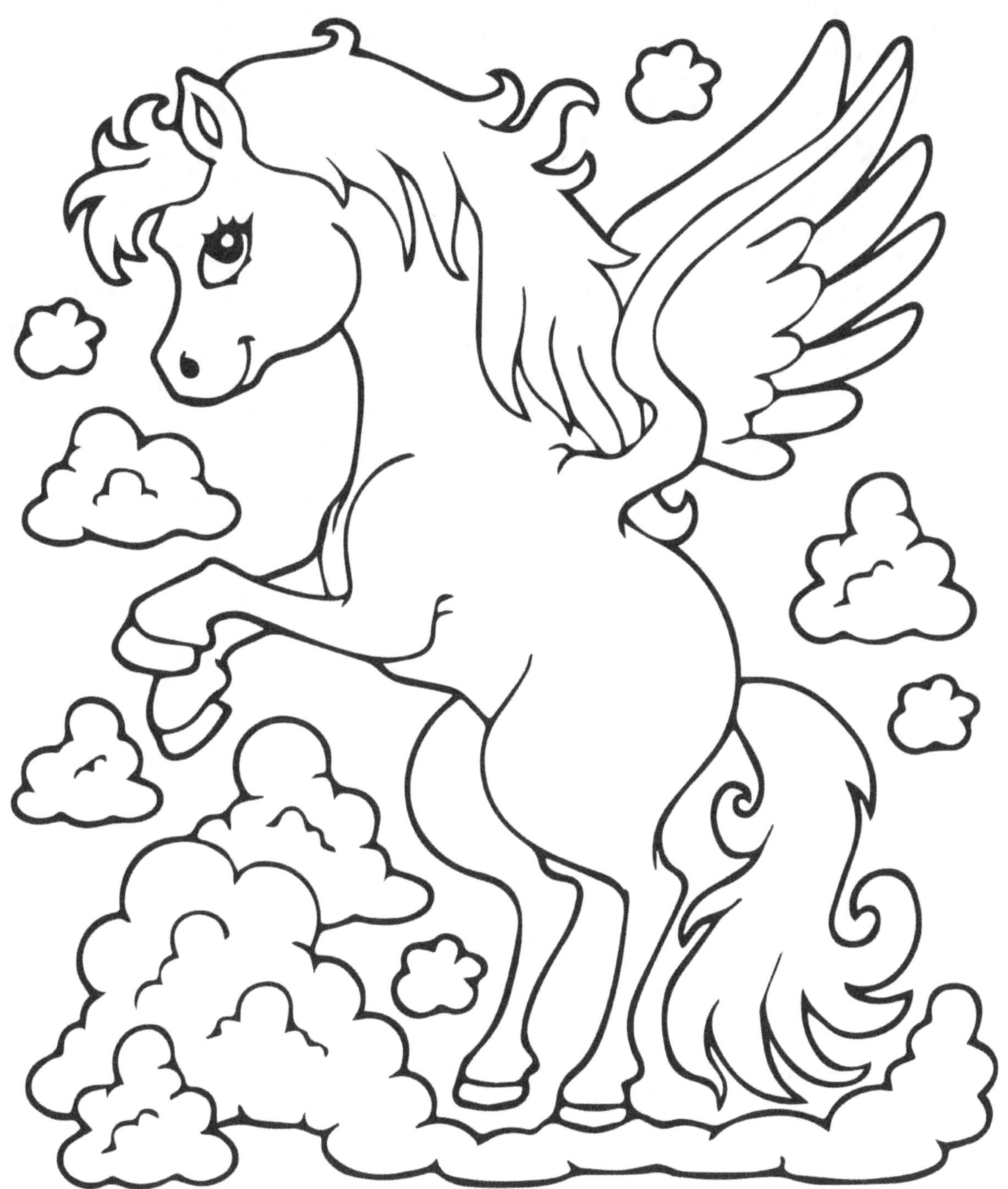

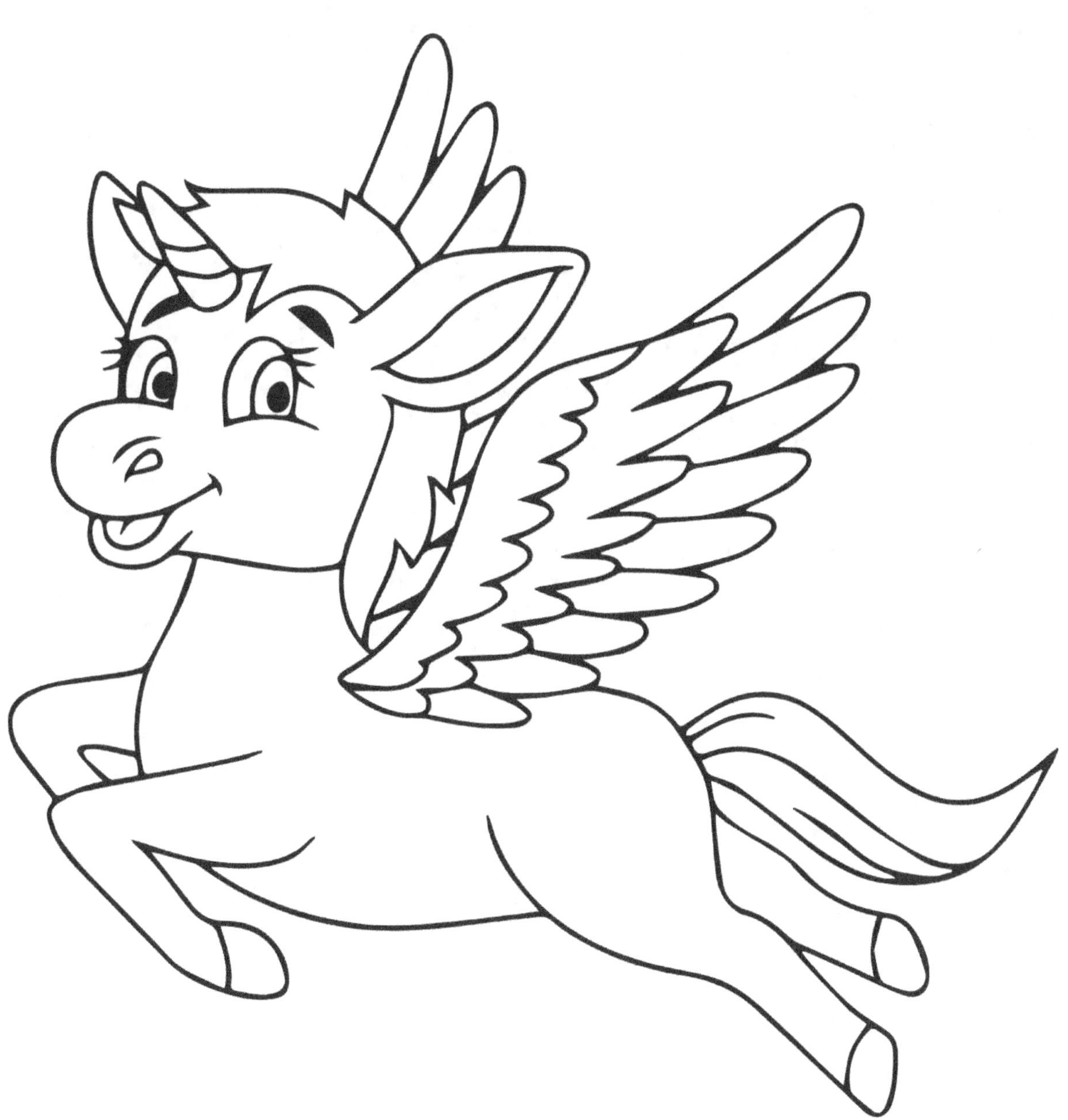

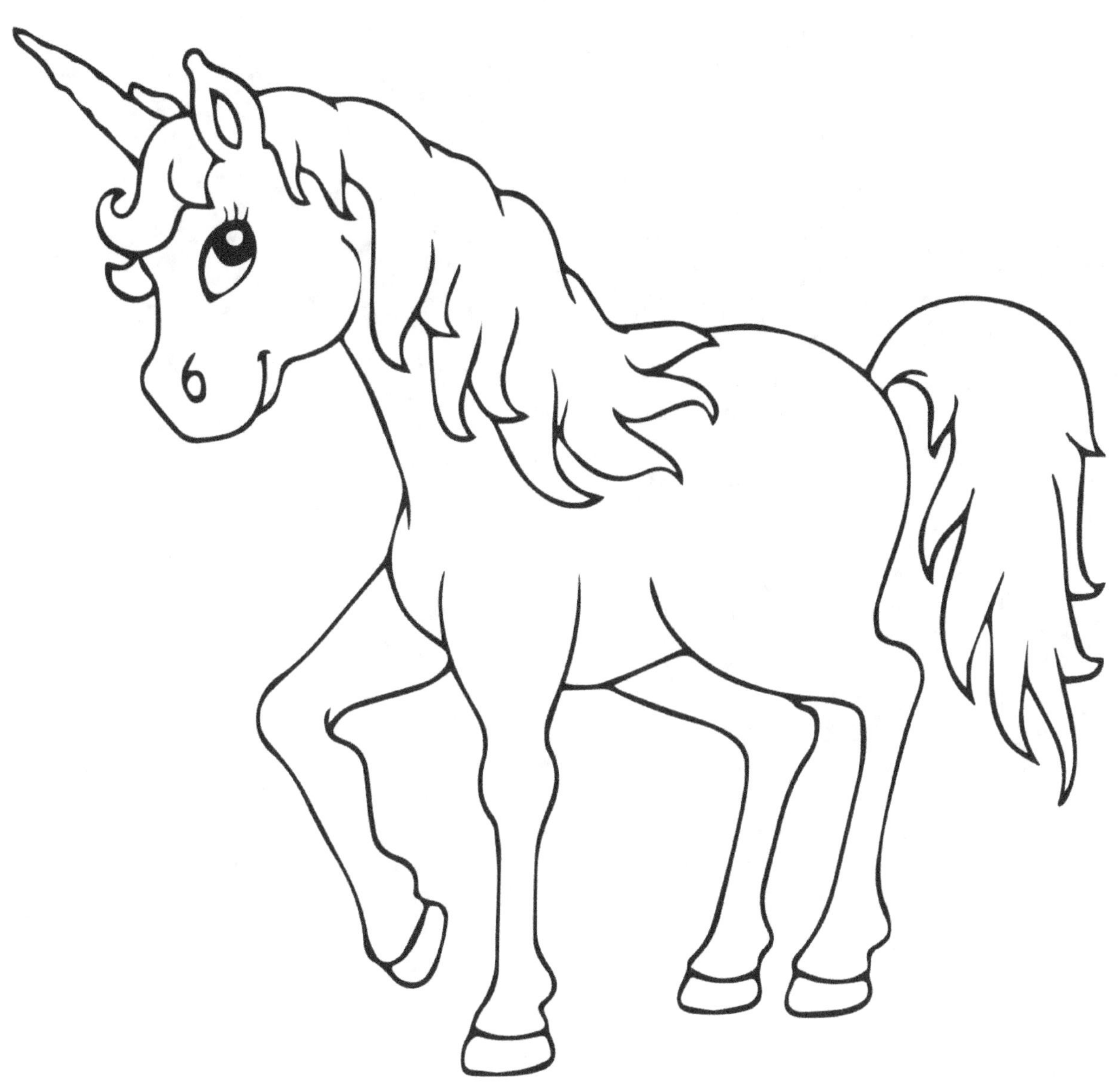

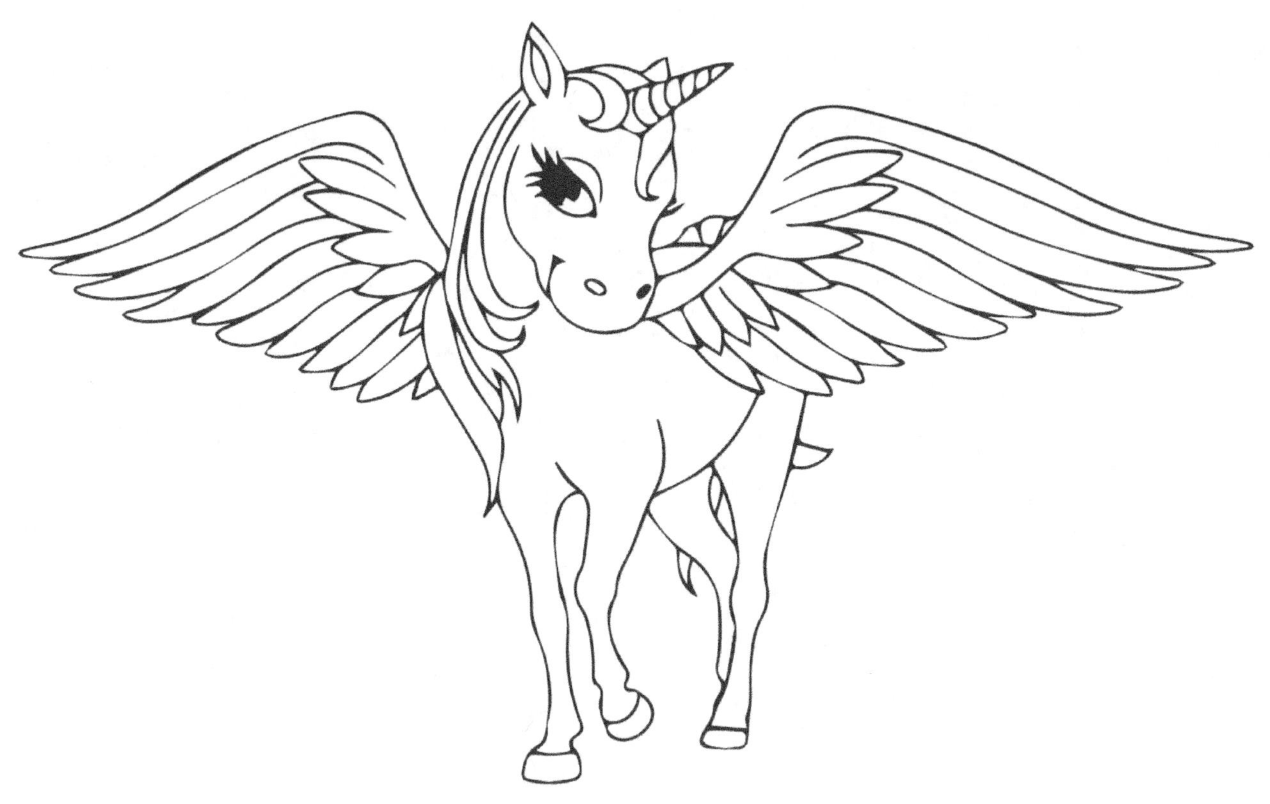

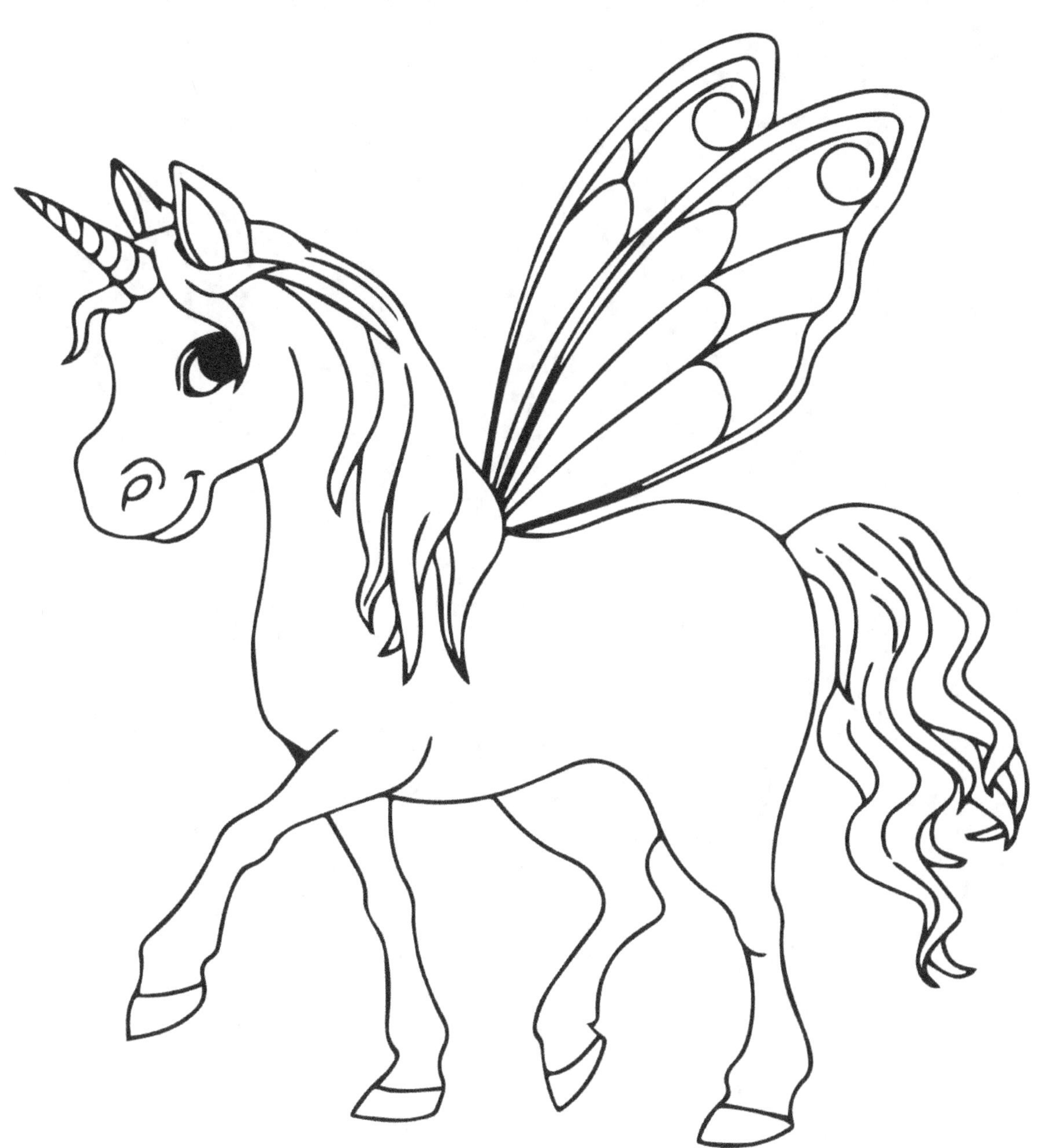

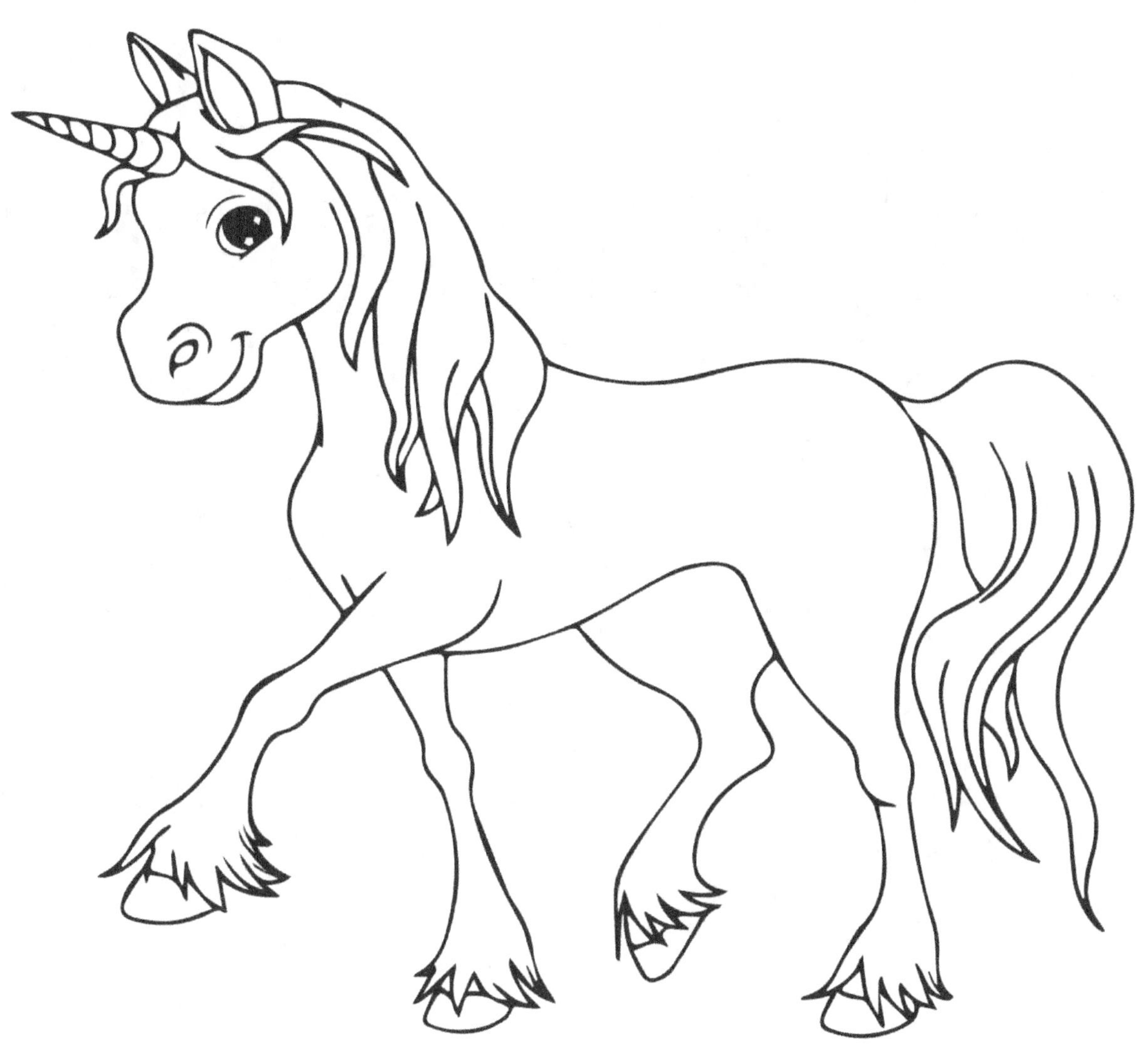

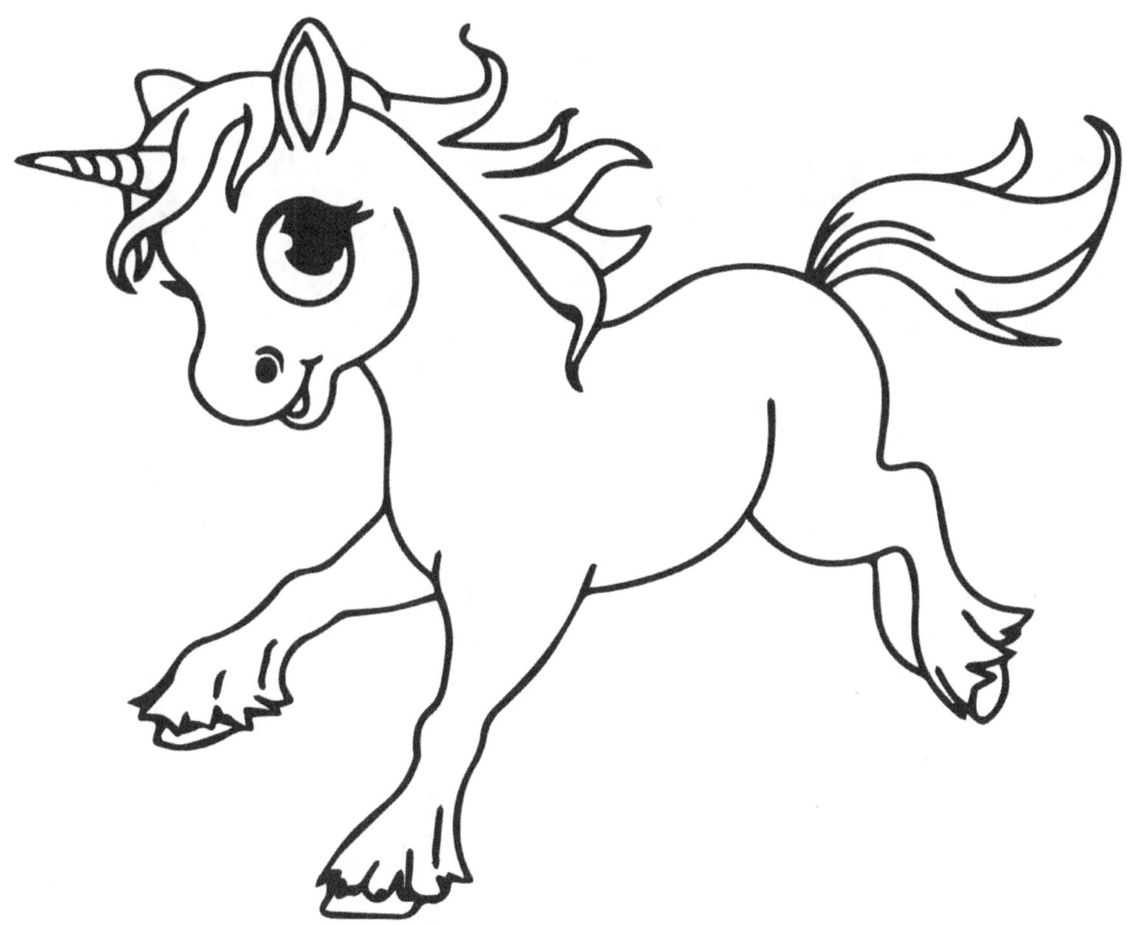

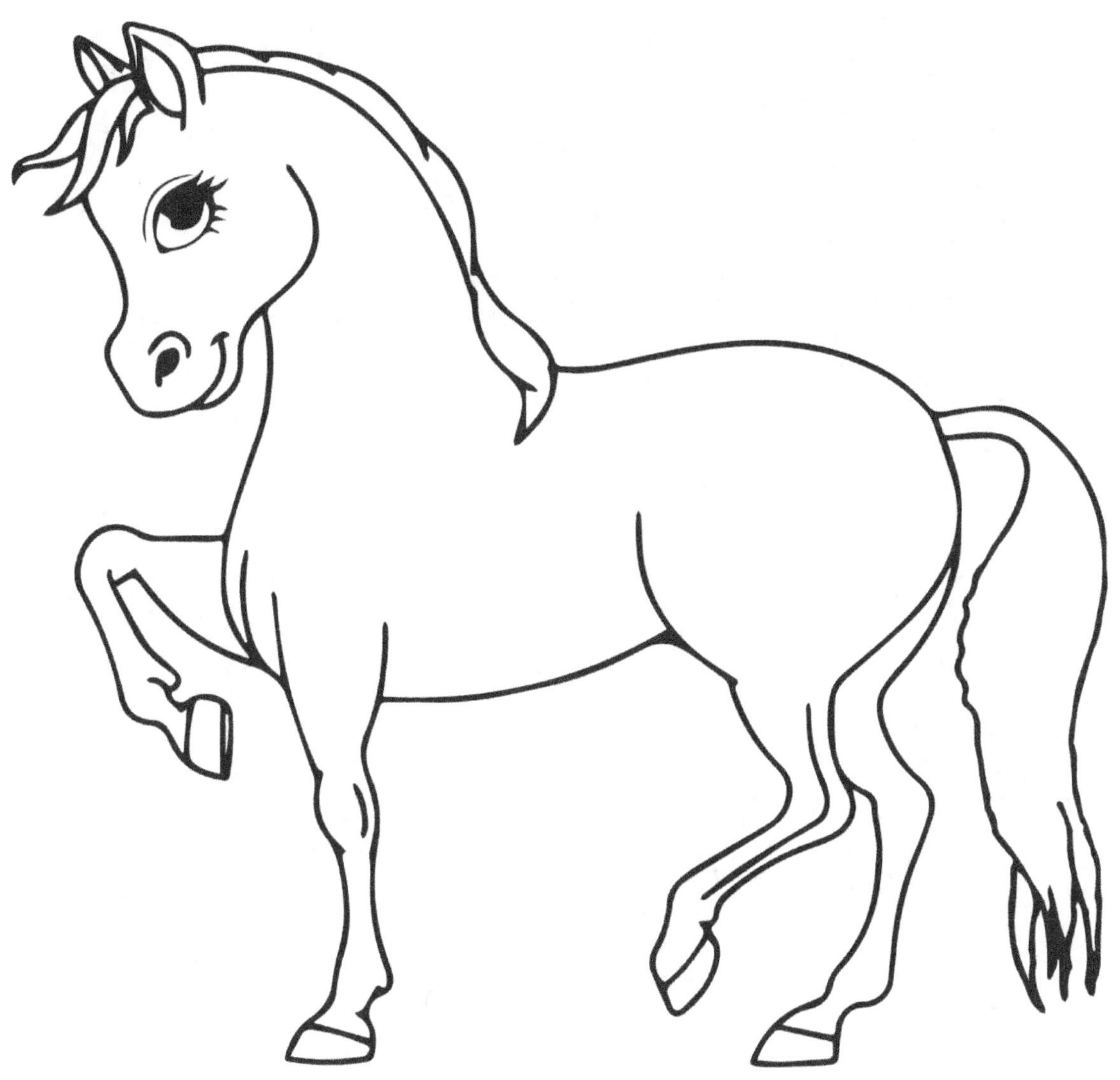

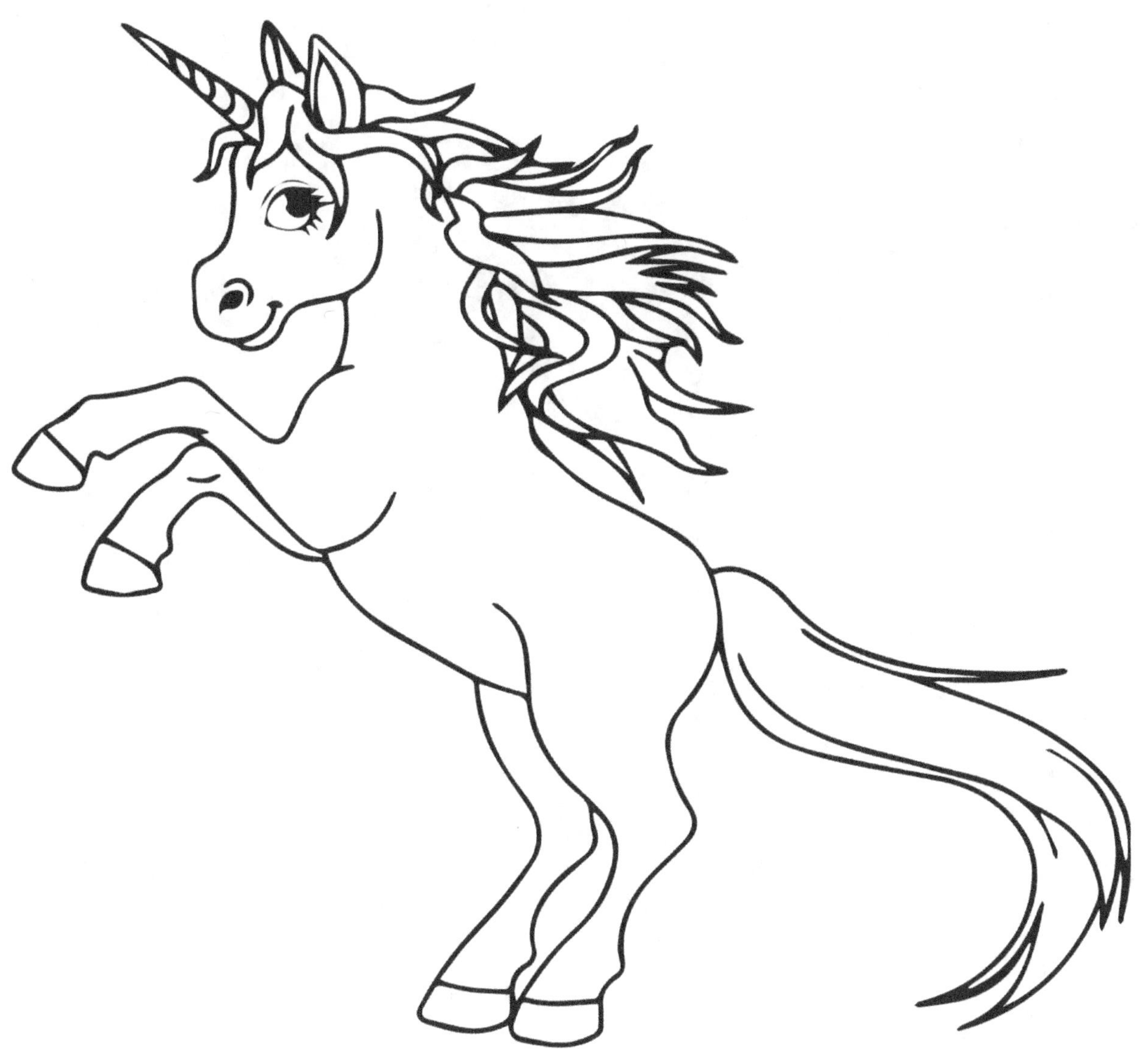

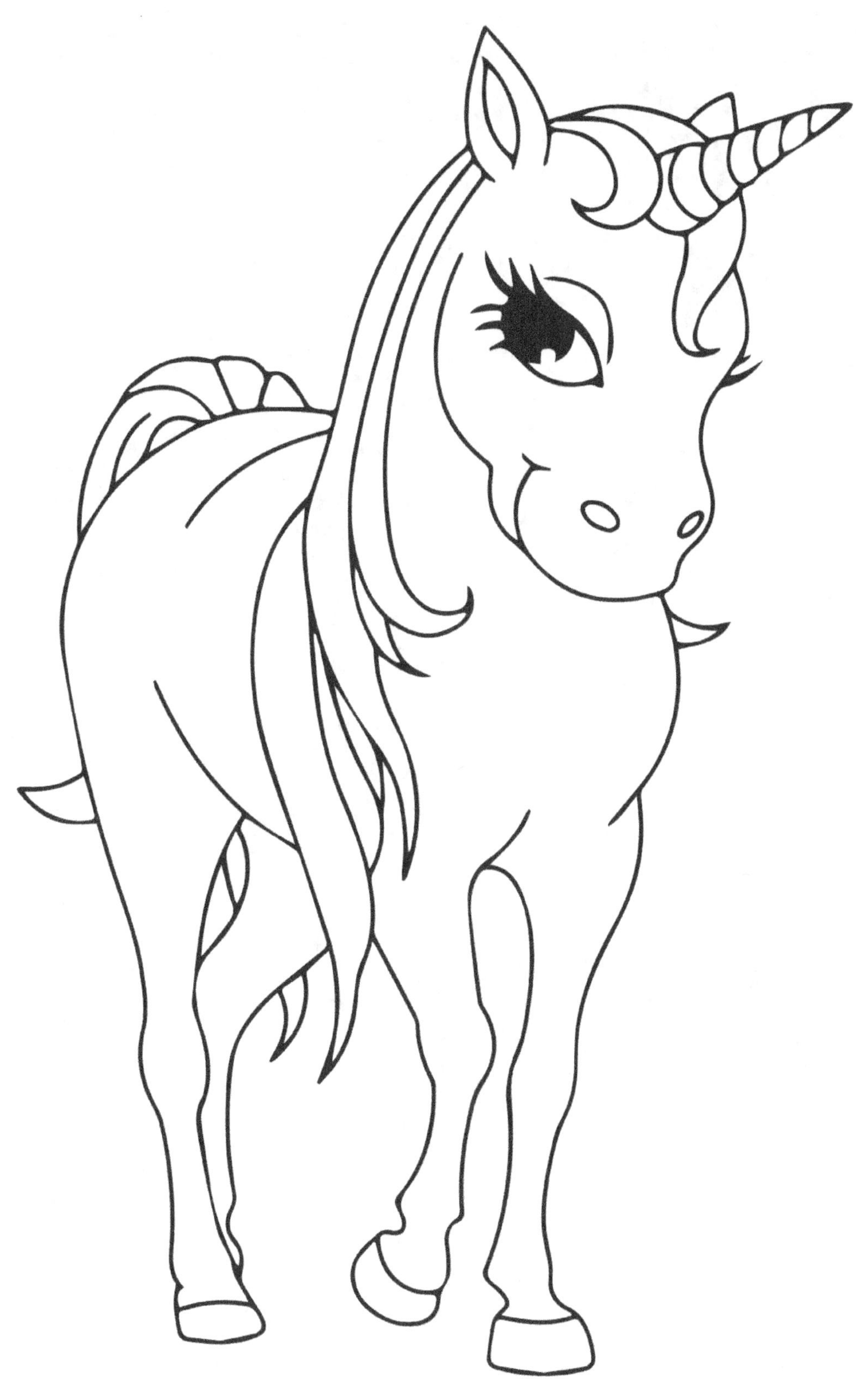

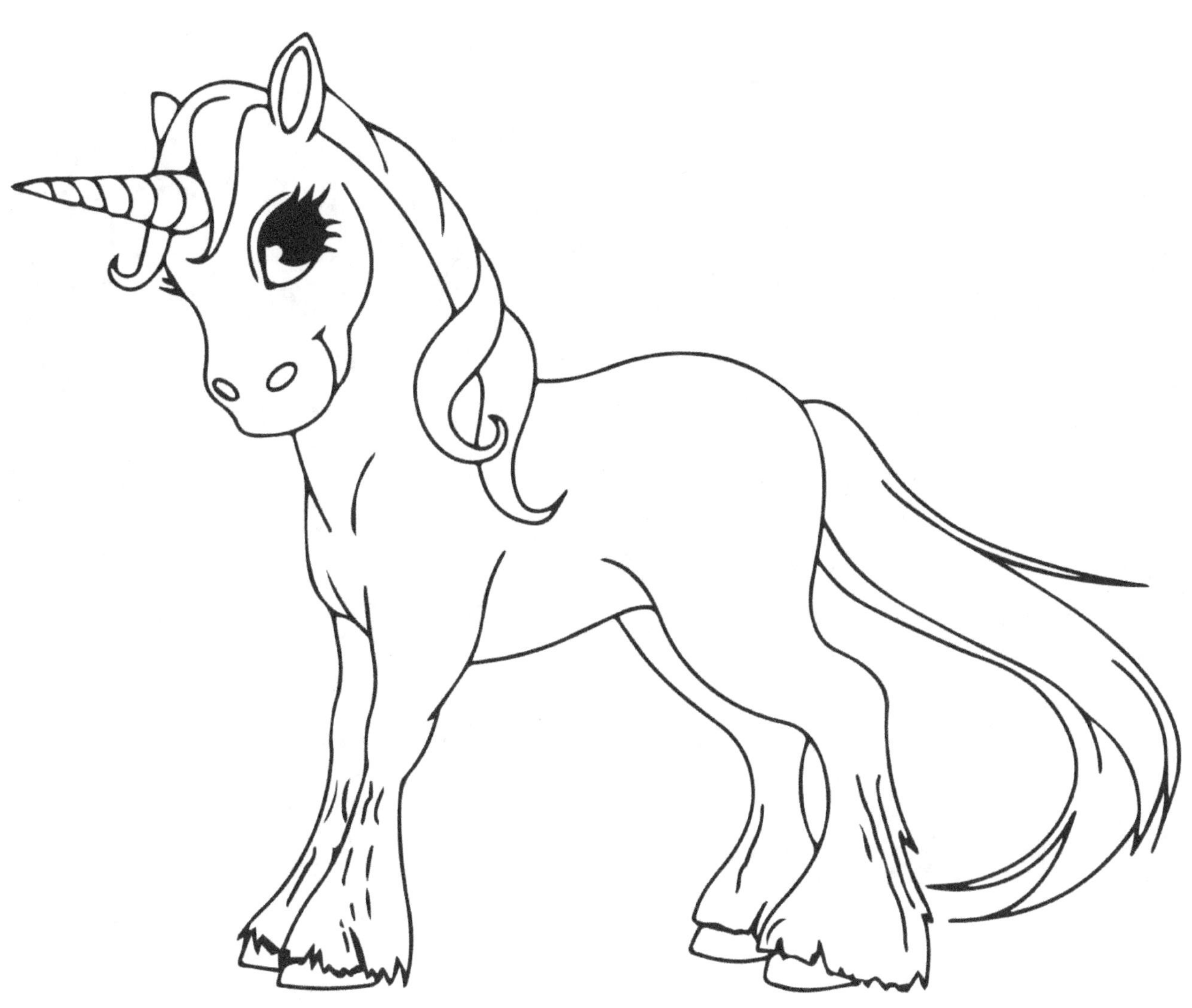

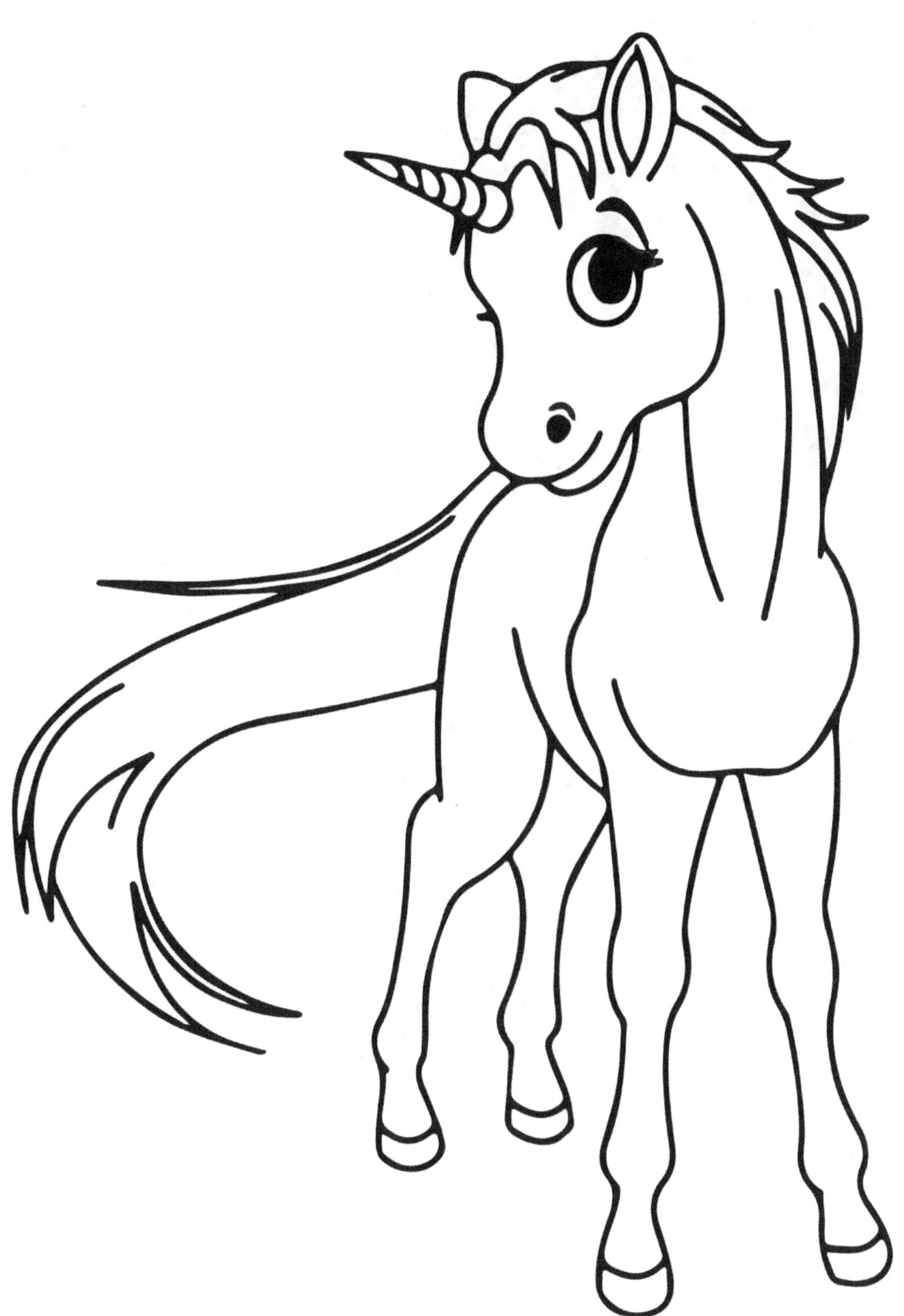

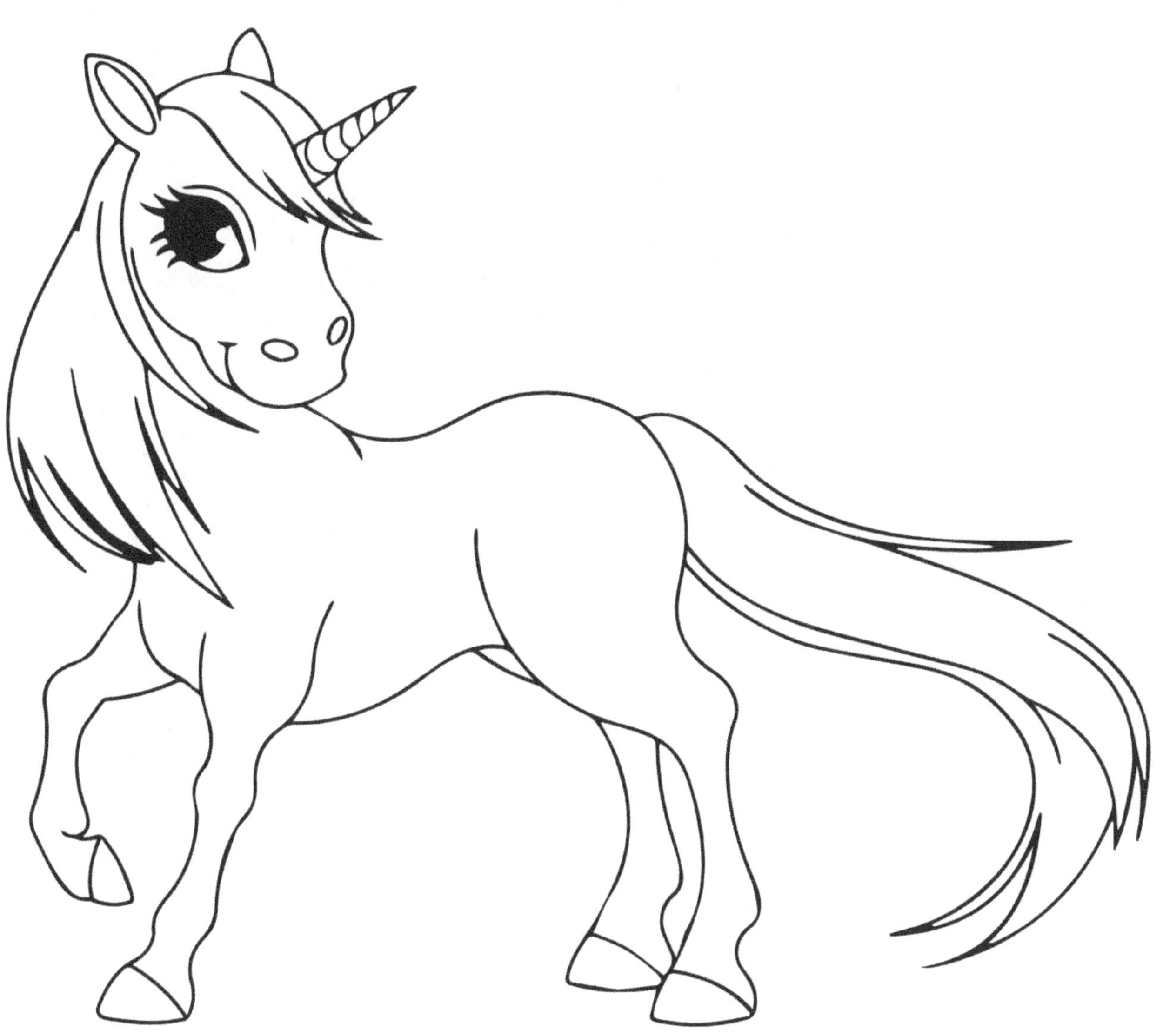

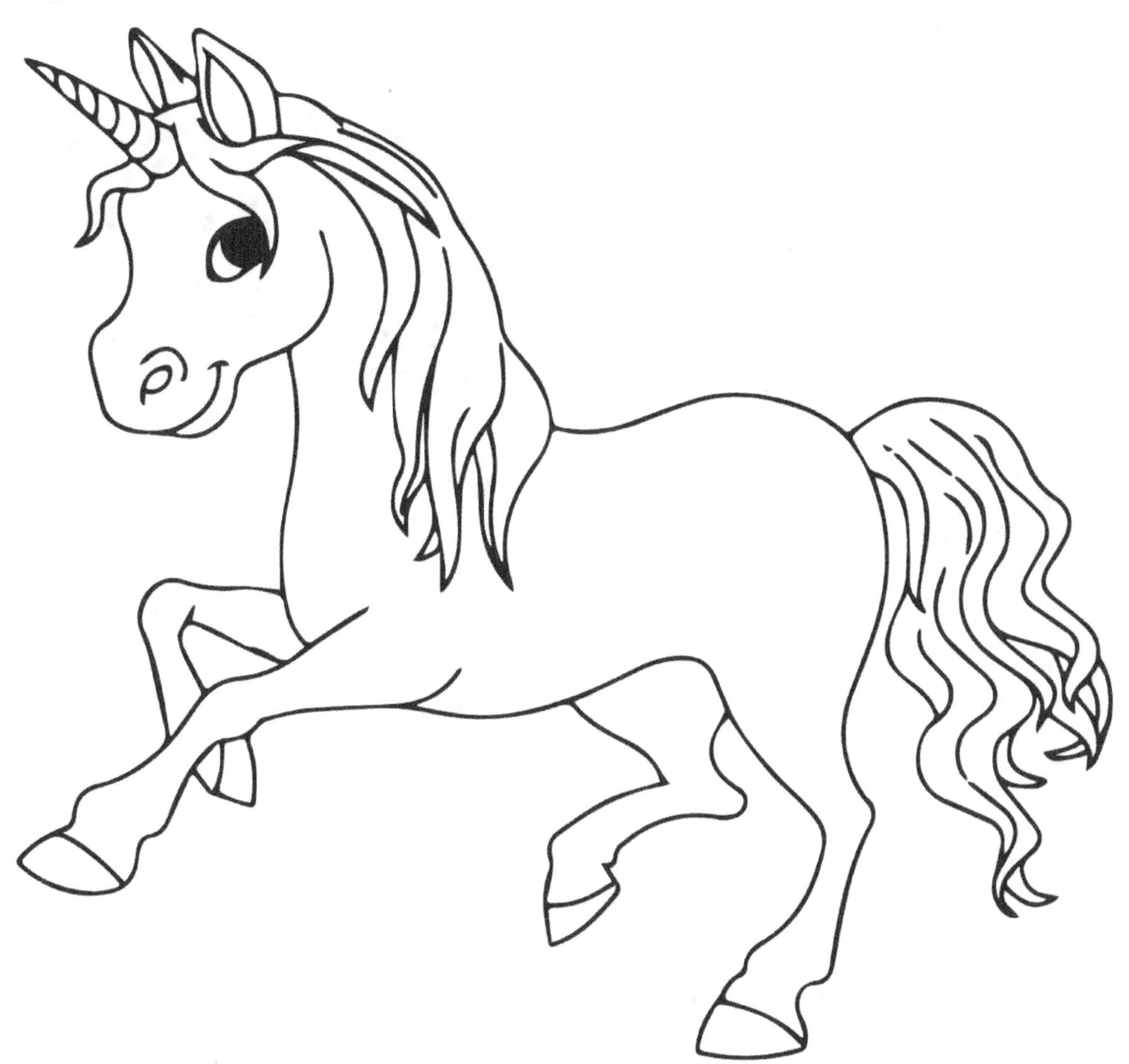

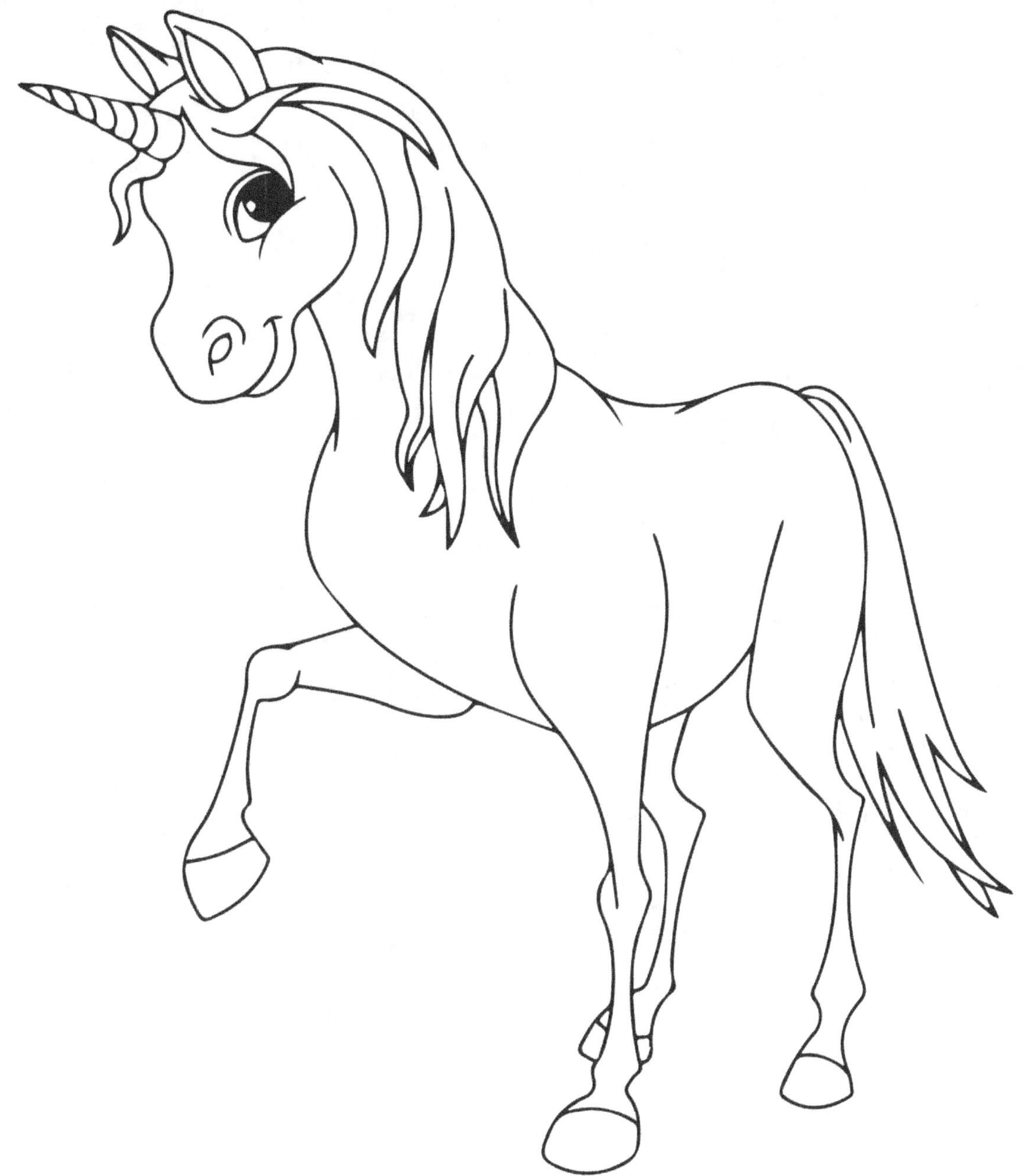

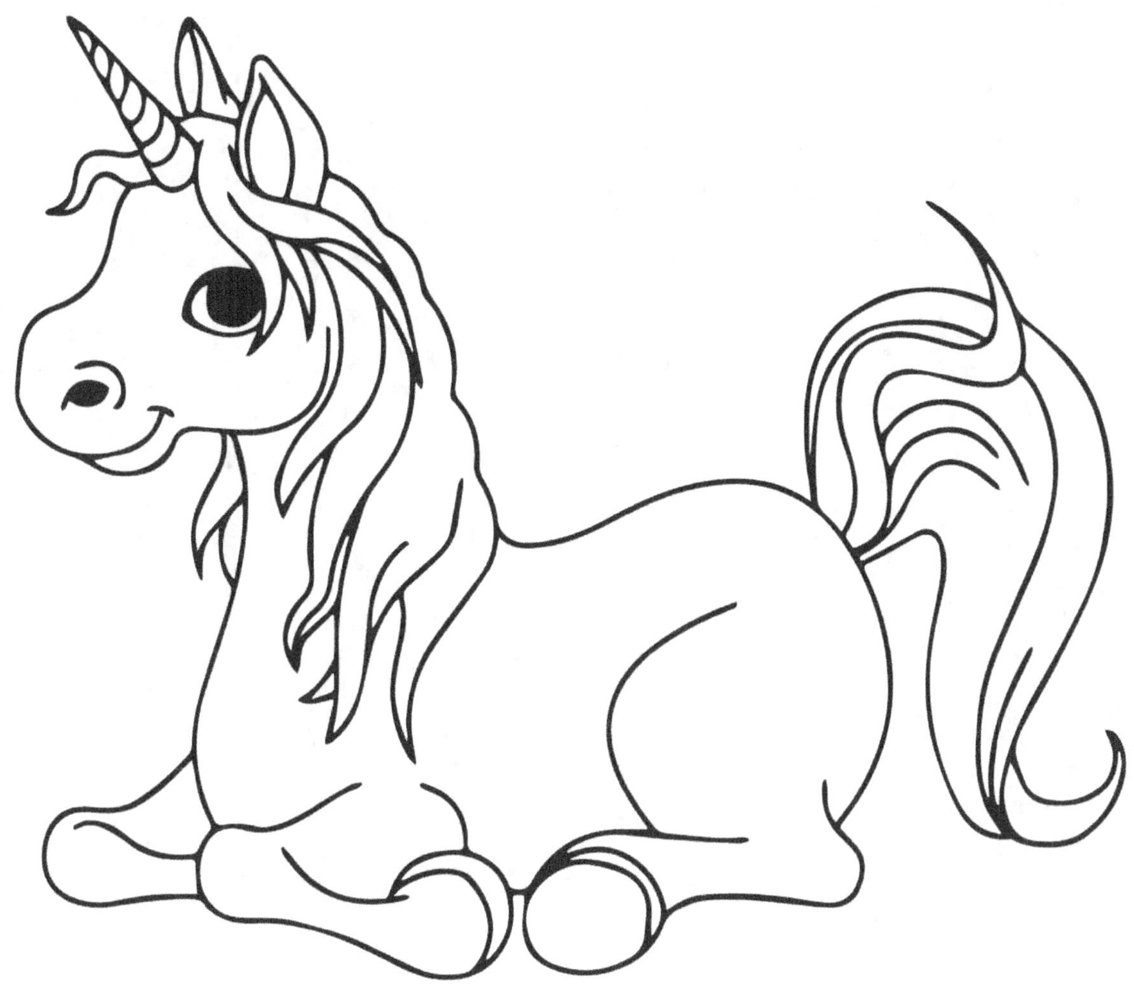

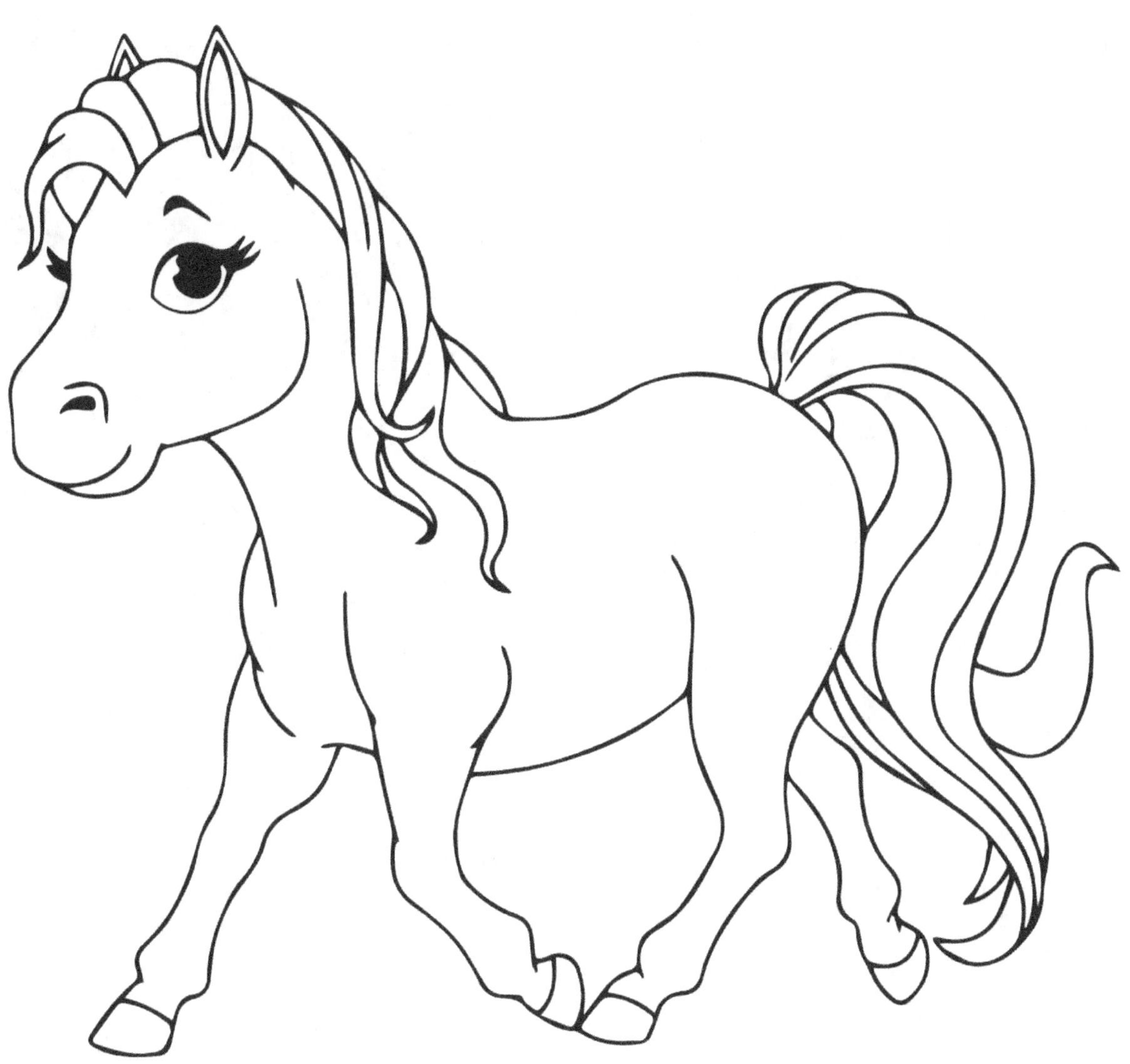

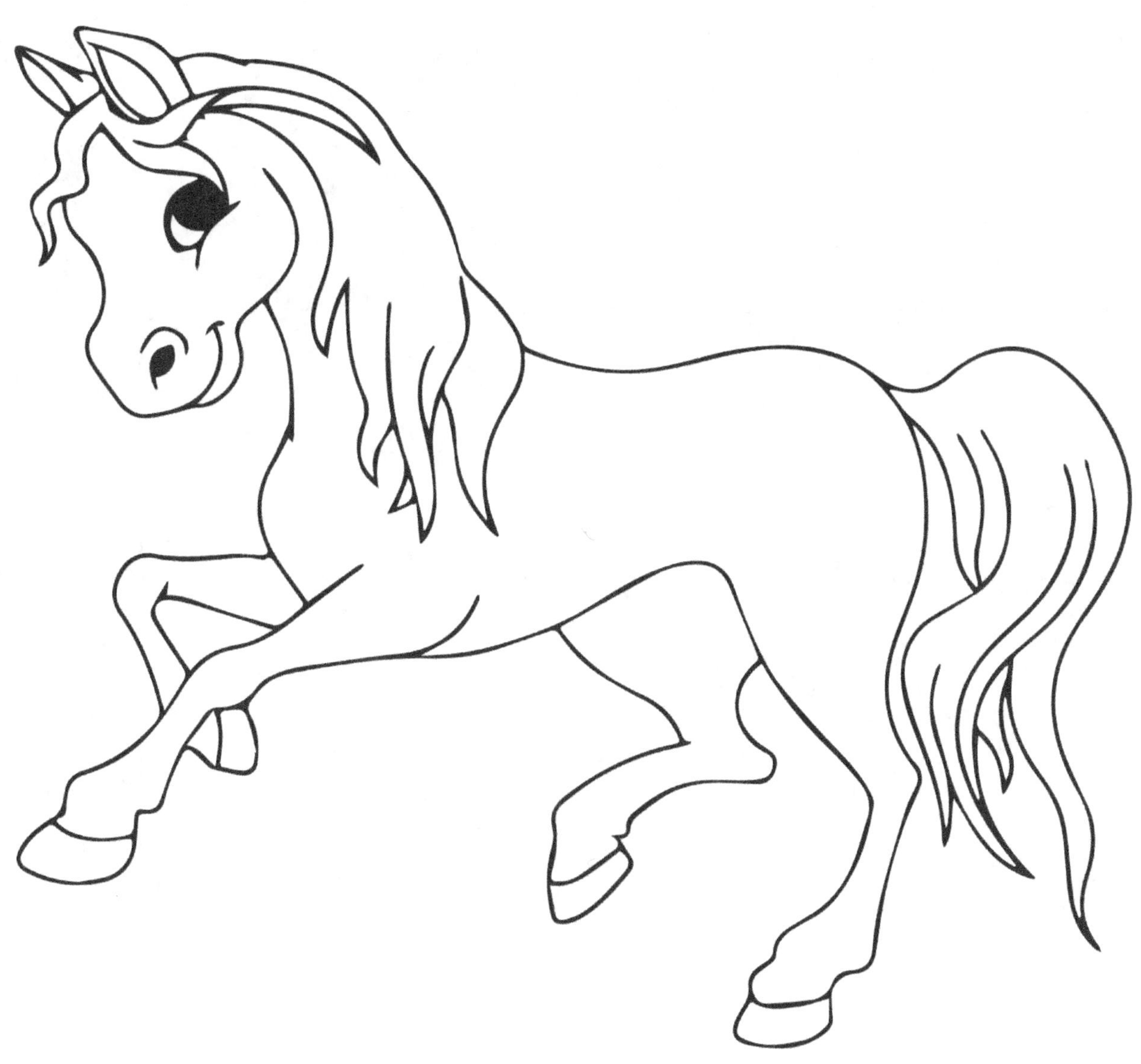

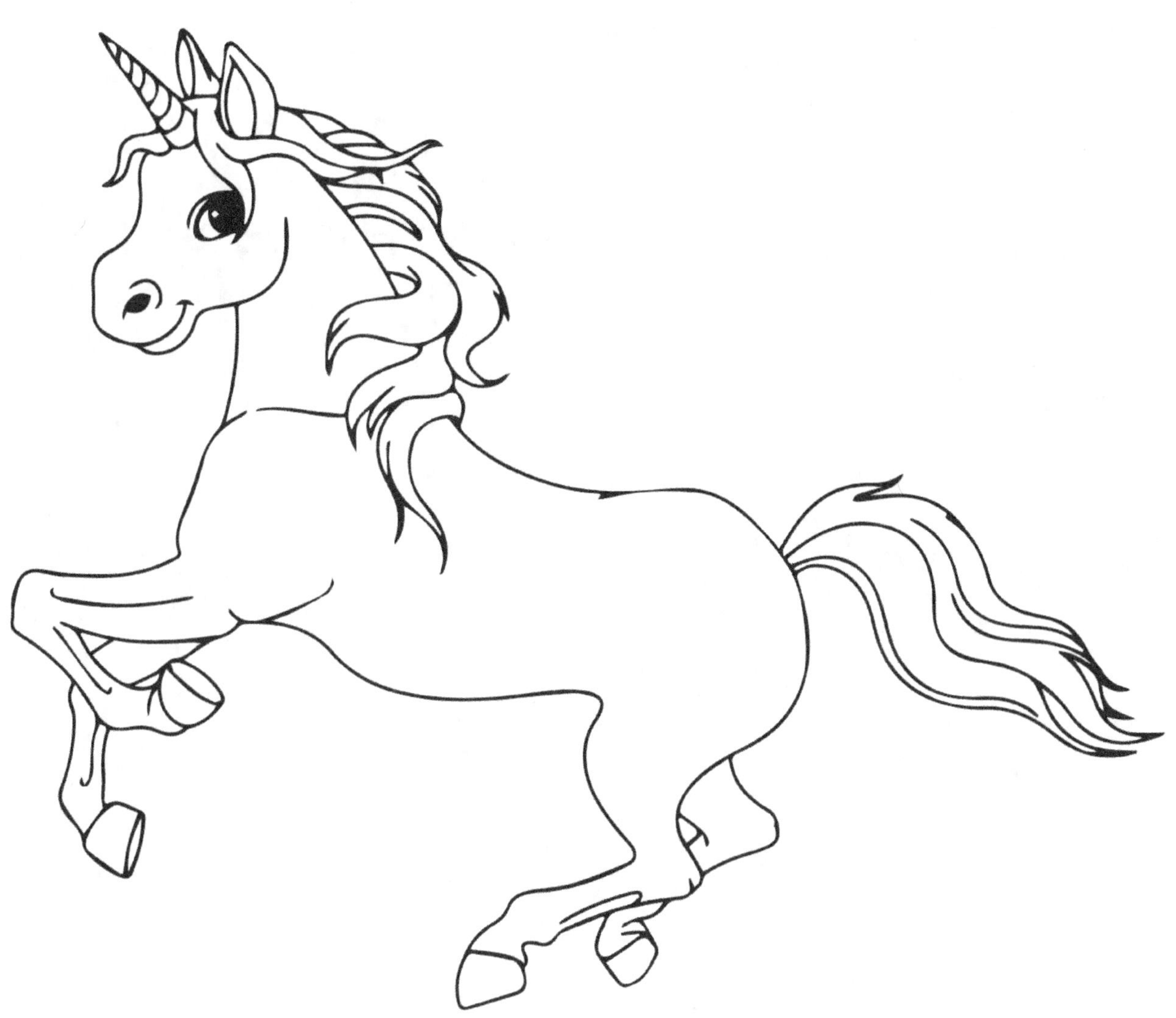

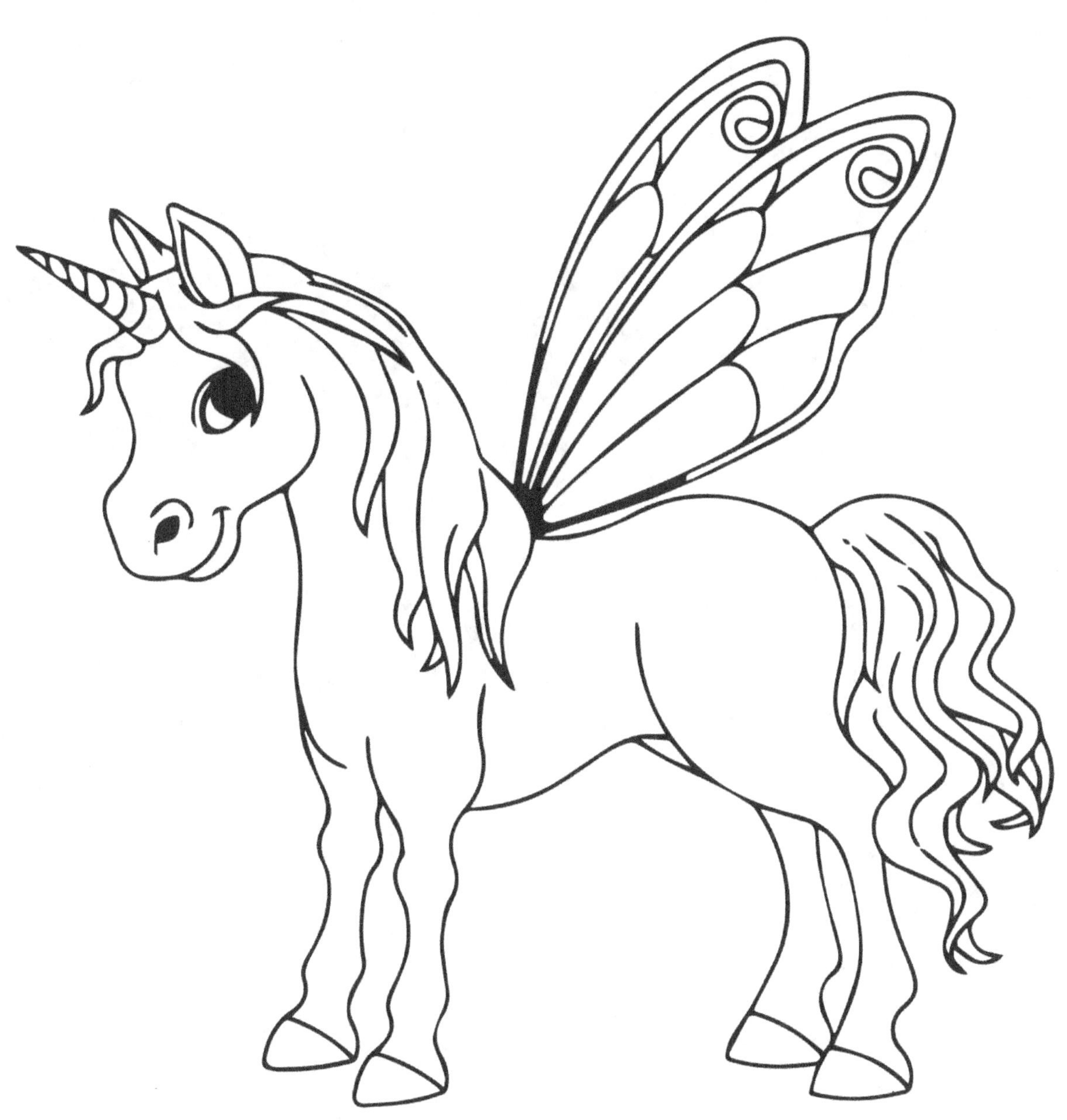

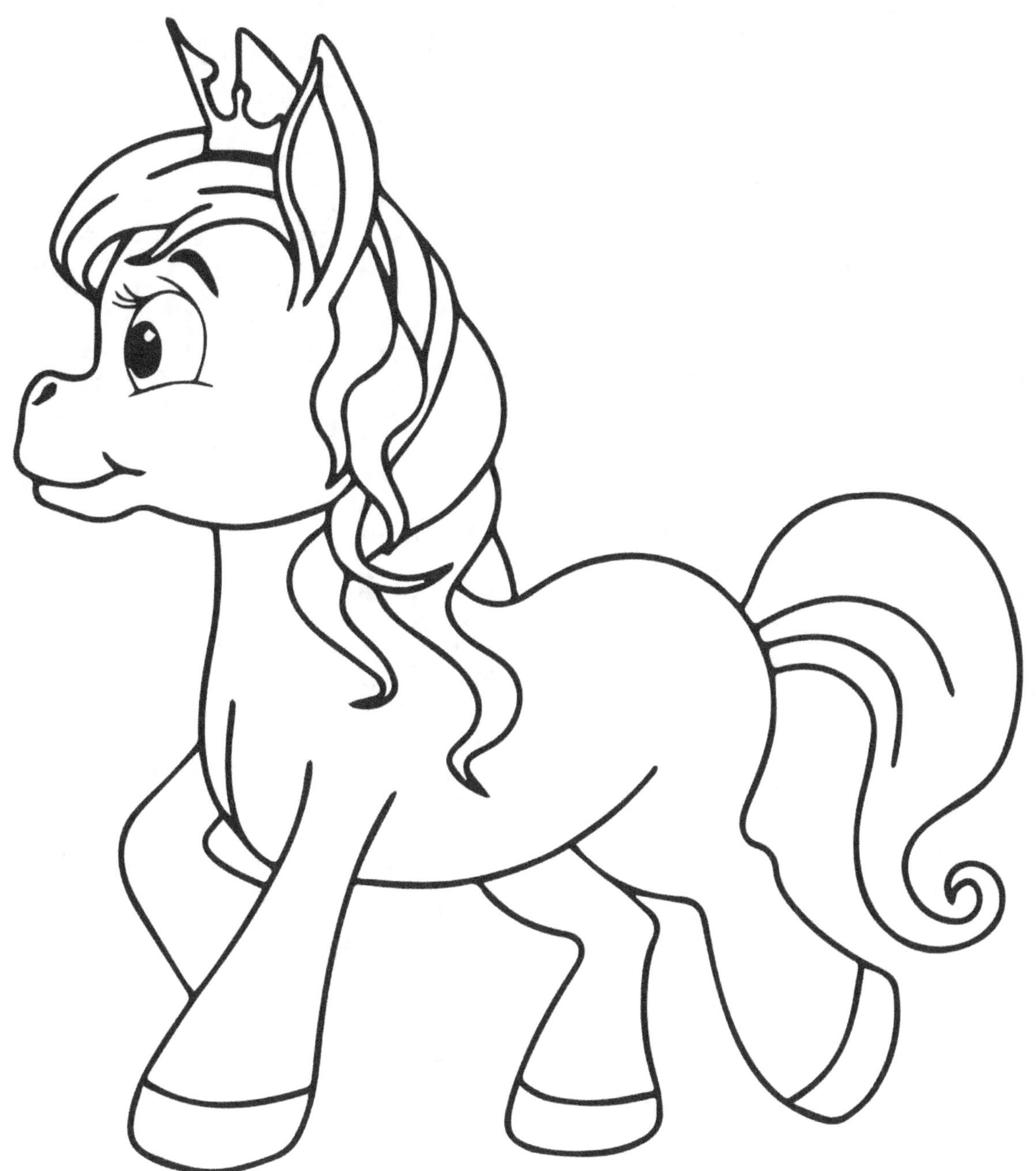

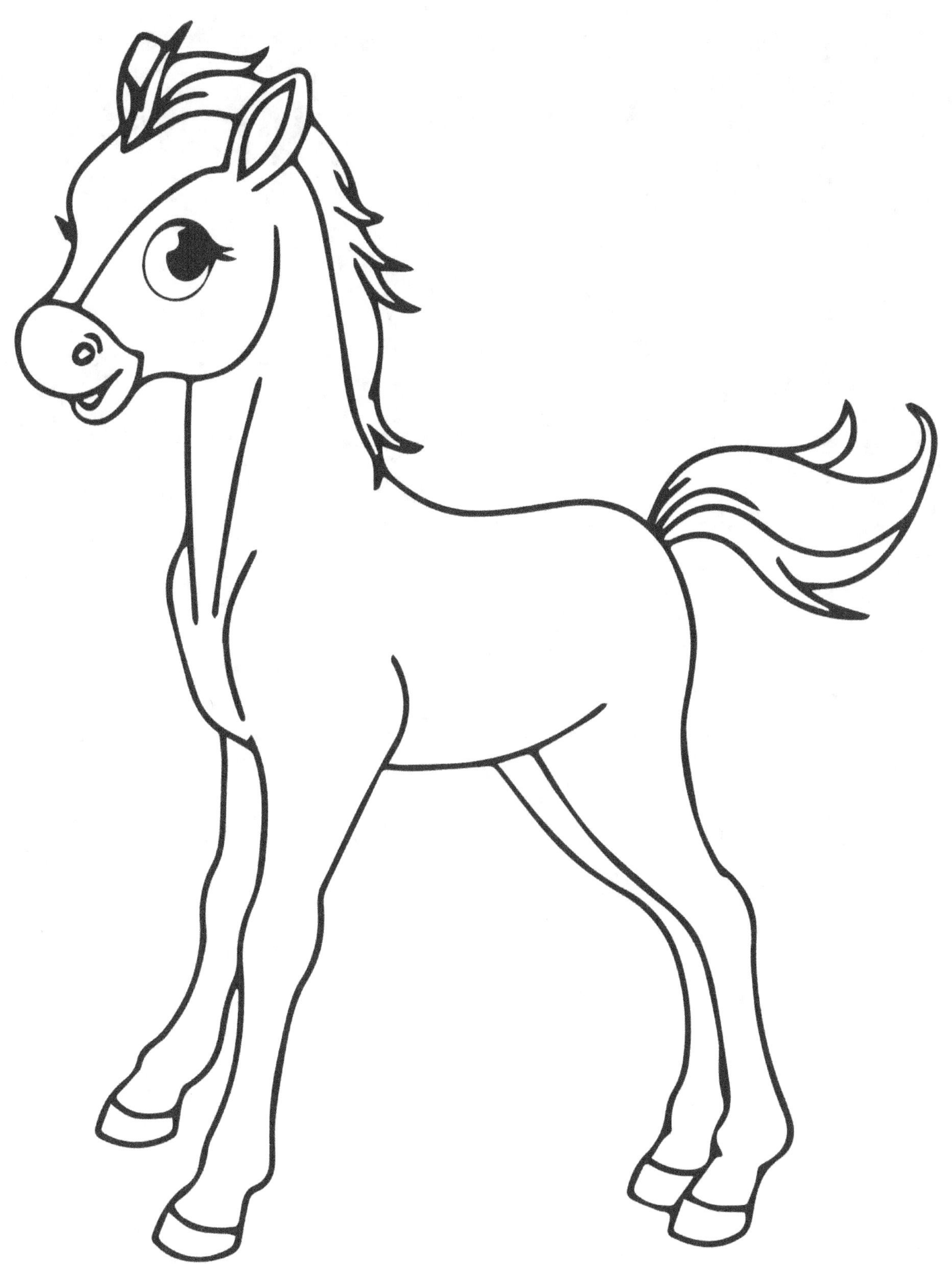

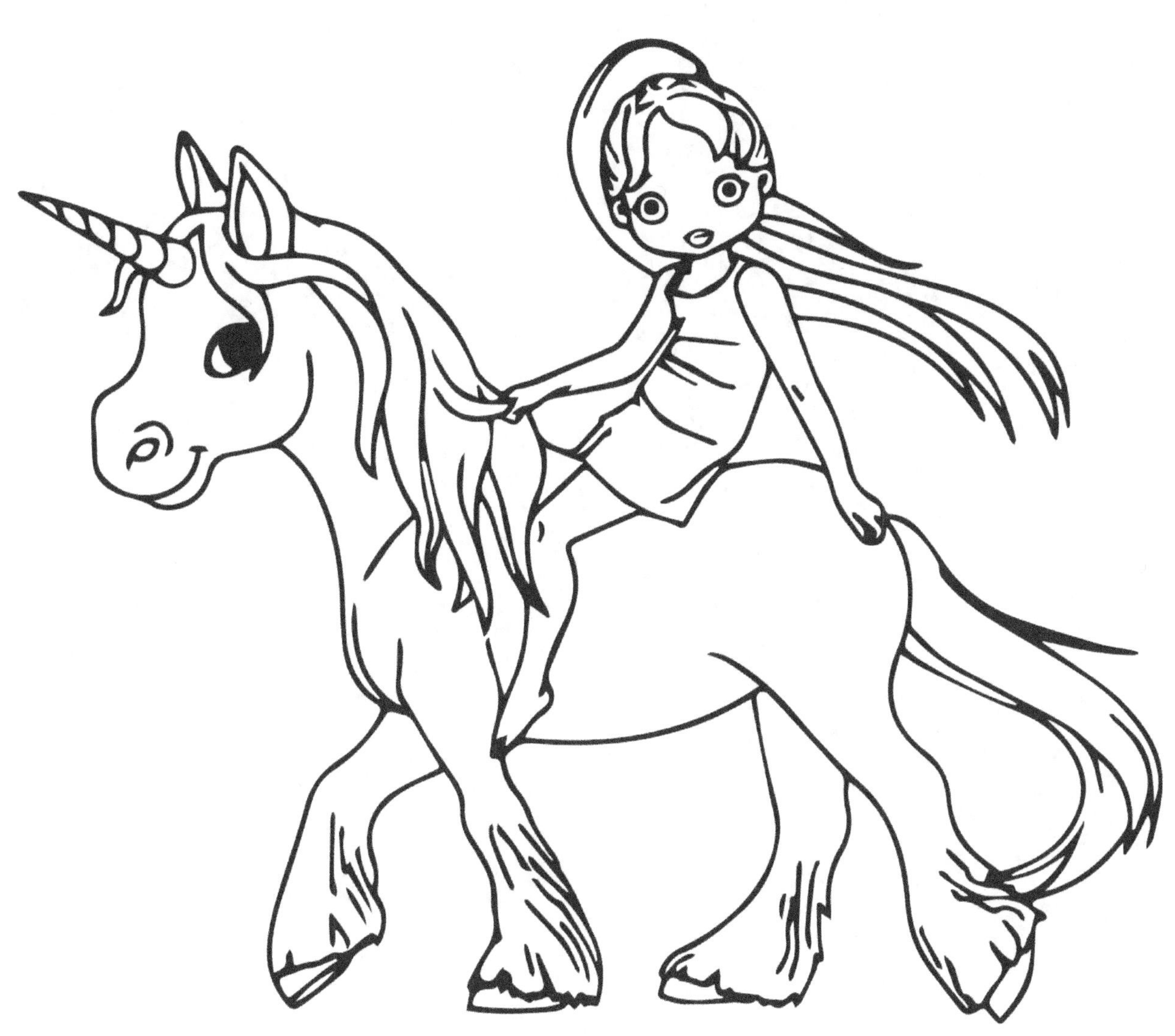

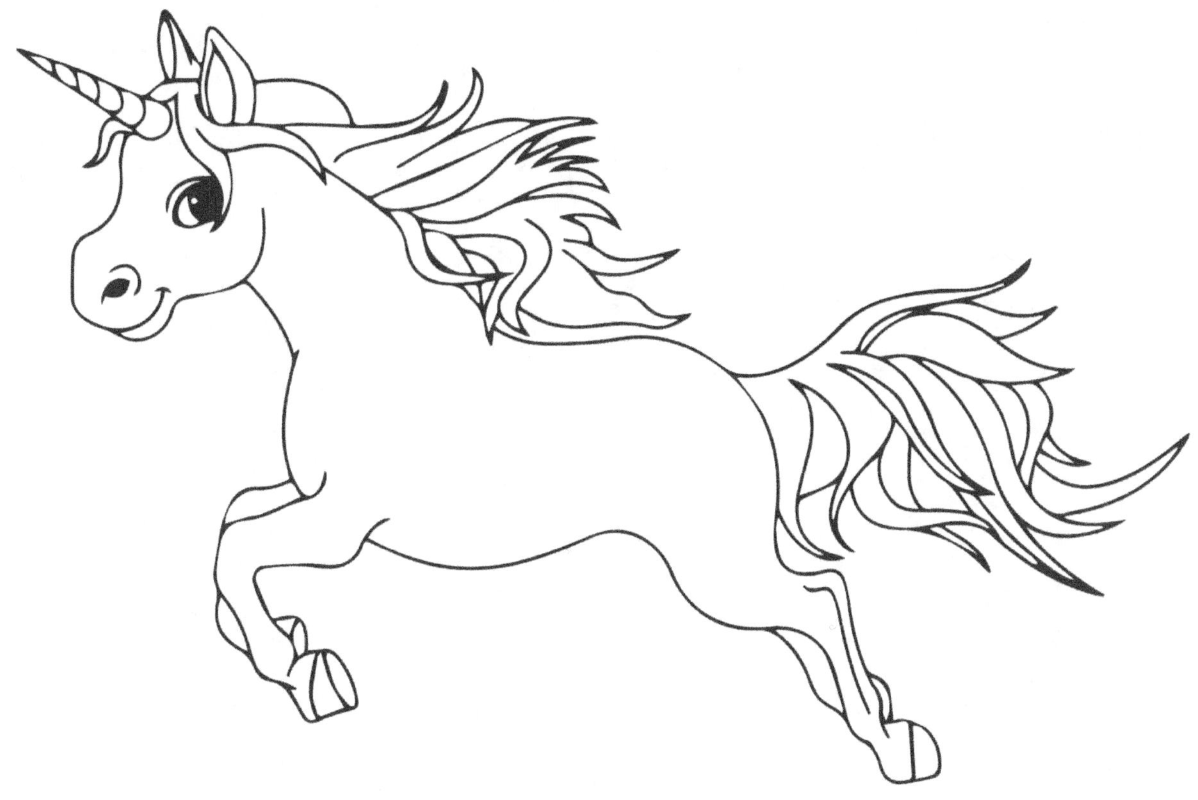

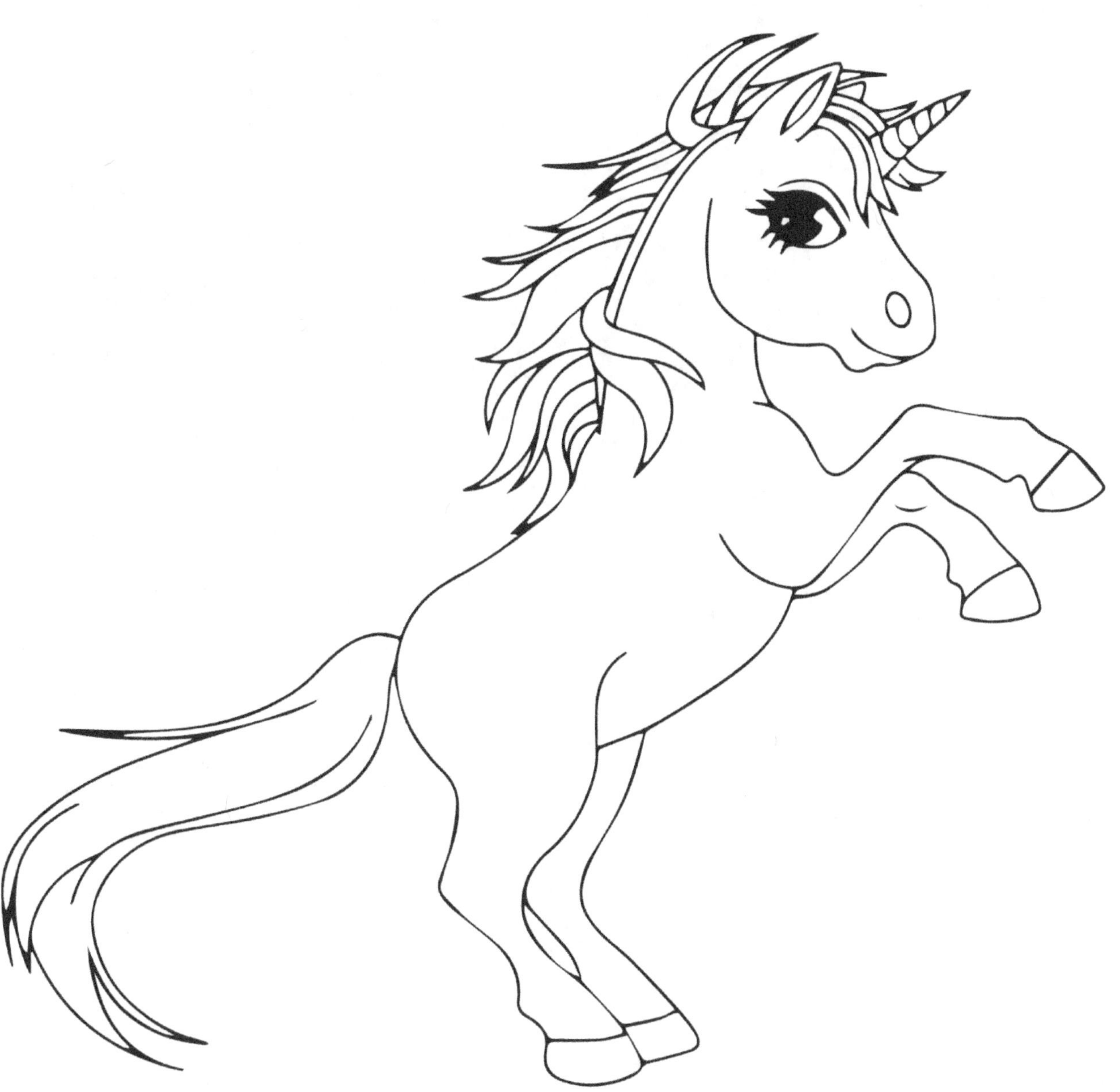

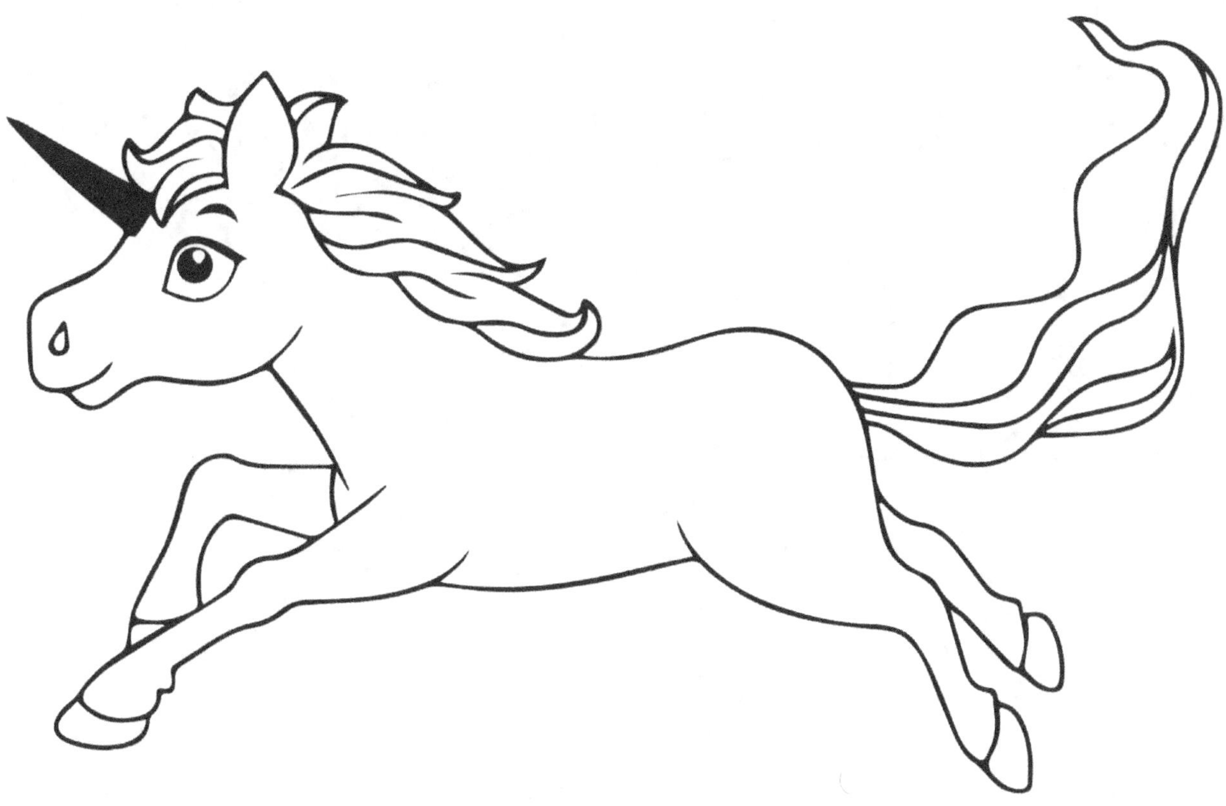

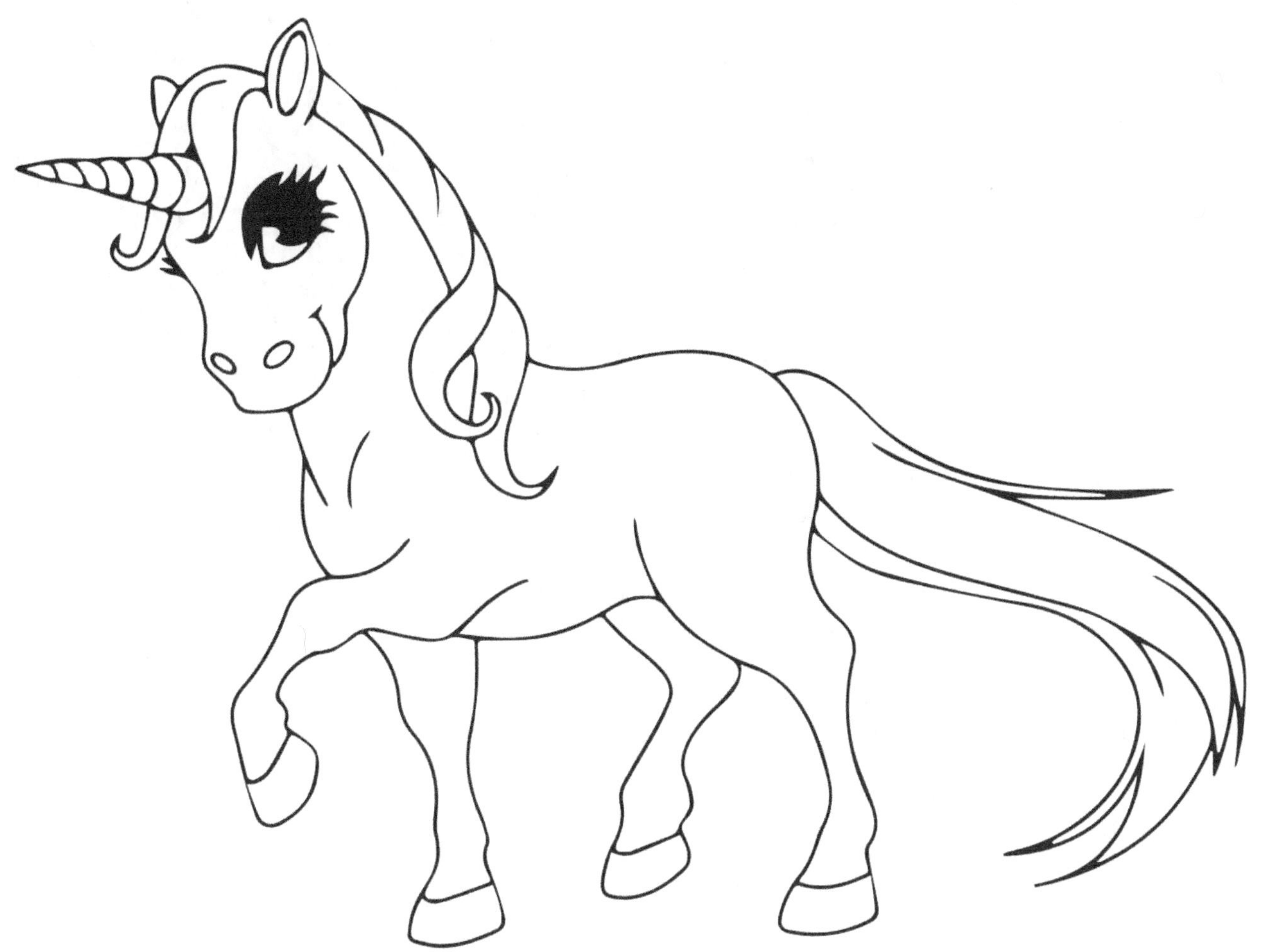